Mit allen 7 Sachen

Über das Buch:

Kümmern Sie sich in belasteten Zeiten zu wenig um Ihre Erholung? Vergessen Sie was Ihnen guttut, wenn Sie es dringend brauchen?

Mit diesem Arbeitsbuch gestalten Sie Ihre persönlichen Anker, damit Sie bei Bedarf Ihr Hilfsprogramm zur Verfügung haben.

Das Buch ist in drei Abschnitte gegliedert:

Der erste Teil beschäftigt sich mit dem Sammeln von Ideen und Material . Der zweite damit, wie und wo Sie Ihre Auswahl aufbewahren wollen, damit alles griffbereit ist, wenn Sie etwas benötigen.

Der dritte Teil bietet Ihnen Anregungen für einen Weg zu einem ausgewogeneren und erfüllteren Leben sowie einem sorgsamen und fürsorglichen Umgang mit sich.

Die Autorin:

Christine Semotan ist seit 1976 freiberuflich als Psychotherapeutin tätig und veranstaltet u.a. Workshops für Wohlbefinden trotz Belastung.

Christine Semotan

Mit allen 7 Sachen

Von der Kunst, das Notwendige bei der Hand zu
haben, wenn der Hut brennt.

Ein Arbeitsbuch
mit vielen Übungen.

Impressum

Bibliografische Information der Deutschen Nationalbibliothek:
Die Deutsche Nationalbibliothek verzeichnet diese Publikation in der
Deutschen Nationalbibliografie; detaillierte bibliografische Daten sind im
Internet über dnb.dnb.de abrufbar.

2020 © Christine Semotan
Herstellung und Verlag: BoD – Books on Demand, Norderstedt.

ISBN 9783752896077

Inhaltsverzeichnis

Einleitung

Auf Reisen und beim Wandern ist meist ein Notfall-Set dabei, mit Pflaster, Schnellverband und noch so manch Nützlichem. In kaum einem Haushalt fehlt ein Kästchen oder eine Lade mit Salben, Kopfschmerztabletten und Fieberthermometer. Es findet sich so einiges in den Hausapotheken, will doch alle Welt für jeden Fall und sämtliche Wunden und Wehwehchen, egal wie geartet, gewappnet sein, um sie schnurstracks versorgen zu können. Durch den Schock kann es auch bei kleineren Verletzungen schon einmal passieren, dass man die Ruhe verliert, daher ist es hilfreich, alles rasch zur Hand zu haben.

Wie schaut es aus mit der Ausstattung für Krisen, die die Stimmung und das Innenleben betreffen? Sind Sie auf diese vorbereitet?

Im Stress ist kaum abrufbar, was am besten zu tun ist, und das, was das letzte Mal geholfen hat, fällt einem erst nachher wieder ein. Durch Schock oder Erstarrung ist Leere im Kopf, oder wie gelähmt weiß die eine oder der andere nicht, was zu tun ist. Neben sich stehend oder wie unter einer dicken dunklen Wolke ist es nicht möglich, zu überlegen, was hilft. Alles griffbereit zu haben, wäre von Nutzen.

Wer kennt das nicht? Gerade wenn es notwendig wäre, haben Sie keine Idee, was Sie tun könnten? Es ist einfach, anderen Tipps zu geben, doch für sich selber fällt Ihnen in der Situation nichts ein, erst wieder danach.
Die Feuerwehr darf auch nicht erst dann, wenn es schon brennt, überlegen, womit sie das Wasser zum Brandherd leiten kann. Alle müssen wissen, wo sich der Schlauch befindet und wie er zu handhaben ist. Damit es wie am Schnürchen geht, müssen alle ihre Aufgabe kennen. Das wird vorher trainiert, nicht erst im Brandfall.

Gute Vorbereitung ist die halbe Miete. Nehmen Sie sich ausgiebig Zeit und dieses Buch als Begleitung, um alles wohl zu überlegen und passend zu gestalten. In Ruhe gesammelt, fällt Ihnen höchstwahrscheinlich viel Hilfreiches ein. Es kann schon überraschen, was an Fertigkeiten, Bewährtem und schon einmal Gelungenem dabei zusammenkommt.

»Gut Ding will Weile haben.«, notierte Ovid vor über 2000 Jahren. Wer weiß, wie lange vorher die Menschen das schon sagten.

Mit diesem Arbeitsbuch können Sie sich auf den Weg machen zu Ihrer ganz persönlichen Schatztruhe, damit Sie in der Not finden, was Ihnen entspricht und gerecht wird.

Ich wünsche Ihnen freudvolles Finden und Entwickeln Ihrer ganz eigenen Notfall-Sammlung.

Manchmal wird diese Sammlung an Hilfsmitteln »Notfallkoffer« genannt - dieses Buch ist also eine Anleitung, einen Koffer zu packen für die nächste Reise in das Tief, in den Stress, in die Verzweiflung, Panik, in den Abgrund, in den Nebel, ..., damit alles, was Sie zur Linderung brauchen, verfügbar ist, mit dem Ziel, die Reisen mögen seltener und kürzer werden und überdies von Mal zu Mal weniger beschwerlich sein.

Dieses Buch ist selbstverständlich nur eine Ergänzung zu Psychotherapie, Selbsterfahrungsgruppen oder anderen sozialmedizinischen Maßnahmen. Sollten Sie Unterstützung benötigen, möchte ich Sie ermutigen, diese in Anspruch zu nehmen.

Je nach Persönlichkeit sind die Erfordernisse sehr verschieden. Was der einen hilft, kann dem anderen schaden. Stellen Sie sich vor, Ihre Nachbarin bestellt dauernd im Internet Ramsch, den sie gar nicht mehr auspackt. Würden Sie ihr empfehlen, sich doch wieder was zu gönnen und eine hübsche Bluse zu kaufen?
Doch sehr wohl sei ihr, die immer für die anderen etwas findet und nie an sich denkt, dieser Satz auf den nächsten Einkaufsbummel mitgegeben. So ist auch dem Mann mit unglaublich hohem Blutdruck besser nicht zu raten, ein heißes Bad zu nehmen. Für manch andere ist es fraglos eine wunderbare Idee, sich gemütlich in die Badewanne zu legen.
Prüfen Sie daher alle Vorschläge und Tipps, die Sie hier oder anderswo finden sorgsam.

Der Weg durch das Buch

Das Buch ist in drei Abschnitte gegliedert:
Der erste Teil beschäftigt sich mit dem Sammeln von Hilfsmittel und der zweite damit, wie und wo diese aufbewahrt werden.
Der dritte Teil bietet Ihnen Anregungen für einen Weg zu einem ausgewogeneren und erfüllteren Leben sowie einem sorgsamen und fürsorglichen Umgang mit sich.

Der erste Schritt

dient dem Finden und Sammeln. Die hier angebotenen Beispiele sind sicher nicht vollständig. Einiges wiederholt sich, denn was in einem Zusammenhang verloren geht, springt Ihnen möglicherweise in einem anderen ins Auge.

Alles sind Vorschläge, mit denen ich anregen will, Ihre eigenen, für Sie besseren Ideen zu finden. Es ist meist einfacher, eine gegebene Liste abzuwandeln, als vor einem weißen Blatt zu sitzen. Wenn ich als Beispiel einen Waldspaziergang vorschlage, dann fällt Ihnen vielleicht ein, Sie könnten mit dem Rad zum See fahren, denn das hat Ihnen immer sehr gutgetan. Oder Sie denken, »Nein, ich will wieder einmal in den Bergen wandern.«

Blättern Sie vor zum zweiten Teil, falls Sie Gefundenes gleich aufbewahren und überlegen wollen, wie Sie das machen könnten.
Oder lesen Sie alles einmal durch, bevor Sie mit der Umsetzung in die Tat beginnen.
Eine Sammlung ist nie fix und fertig, da wir uns ständig verändern und neue Erfahrungen machen. Überprüfen Sie daher Ihre Sammlung regelmäßig, vor allem nachdem Sie diese benötigt haben. So wie die Feuerwehr nach dem Hinweis »Brand aus« die Geräte wartet.
Stellen Sie sich nach jedem Gebrauch Ihrer Hilfsmittel Fragen wie:

bung

Notieren Sie alles, was Ihnen zu diesen Fragen einfällt und gestalten Sie Ihre Hilfsmittel entsprechend um. Sie verändern sich, und mit Ihnen verändert sich das, was Sie brauchen.

Notizen

Im zweite Schritt

wird alles zusammengefasst und in eine Form gebracht, die Ihnen zusagt. Alles sollte so aufbewahrt sein, dass Sie einfach und rasch darauf zugreifen können.

Das kann eine Schatulle sein mit einer Checkliste, eine kleine Schatzkiste mit Symbolen oder mit tatsächlichen Hilfsmitteln und vieles mehr. Wichtig ist, dass es bei Bedarf erinnerlich ist. Nehmen Sie sich so viel Zeit wie möglich, es wird sich lohnen. Schließlich soll alles, wenn es benötigt wird, beieinander und griffbereit sein.

1. Erster Teil

1.1. Sammeln

»Ich bin eine angefangene Sache,
die nicht fertig wird, nie.«
Hedwig Dohm
(1831-1919, Schriftstellerin und Frauenrechtlerin)

Welche Tätigkeiten, Maßnahmen und Hilfsmittel
haben mir früher schon einmal geholfen?

Übung

Widmen Sie sich dieser Frage, solange Sie möchten. Vielleicht wollen Sie diese Frage auf einen Spaziergang mitnehmen oder sich mit ihr in die Hängematte oder Badewanne legen.

Notieren Sie Ihre Gedanken dann auf ein Blatt Papier. Sie können eine Liste schreiben oder einen sogenannten Cluster anfertigen. Das heißt, Sie schreiben in die Mitte des Blattes ein Wort und hängen Gedanken daran. Ohne diese zu bewerten, sammeln Sie, was Ihnen dazu einfällt, und bilden Wortketten zu den verschiedenen Bereichen.

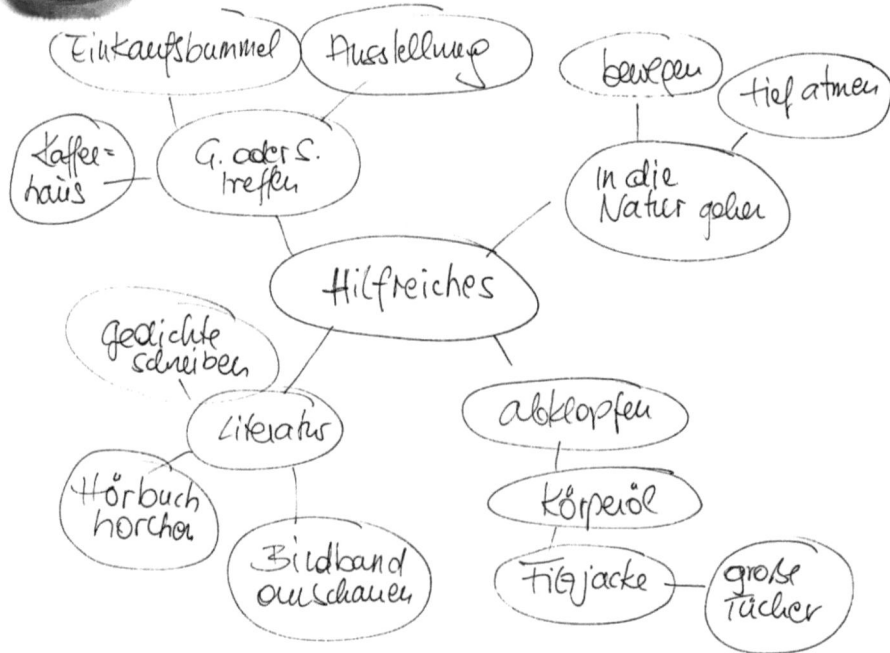

Notizen

Notizen

 bung

Was hilft mir kurzfristig und ist auf lange Sicht gut für mich?
Sammeln Sie, was Ihnen dazu einfällt:

 bung

Was hätte ich in der letzten Krise benötigt?
Sammeln Sie, was Ihnen dazu einfällt:

Übung

Welche Verfahren haben Sie bereits kennen und schätzen gelernt?
Sammeln Sie, was Ihnen dazu einfällt:

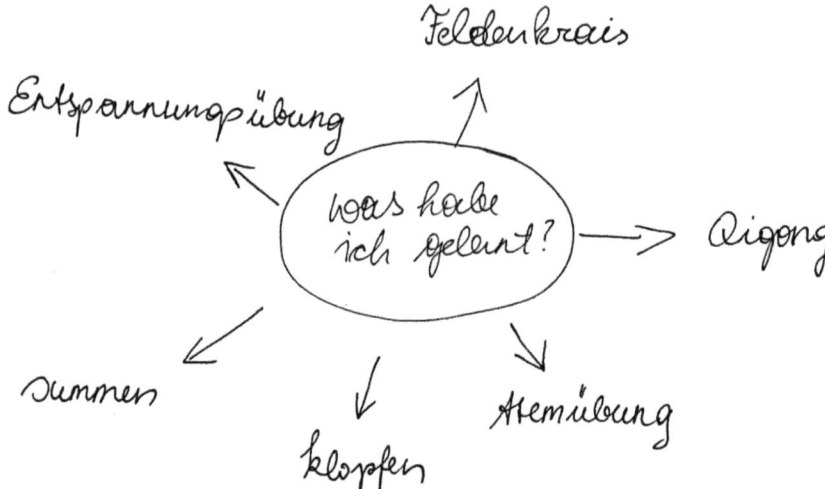

Notizen

1.2. Medikamente

Falls Sie Notfallmedikamente haben, achten Sie darauf, diese so aufzubewahren, dass Sie bei Bedarf daran denken und sie für den Fall der Fälle griffbereit haben.

Kennen Sie gut wirksame pflanzliche Mittel wie etwa Passedan?

Scharfe Zuckerl helfen beispielsweise häufig, Panikattacken zu verhindern. Da das Gehirn auf »Scharf« reagiert, als ob es »Schmerz« wäre, sendet es Botenstoffe aus, die beruhigend wirken.
Kennen Sie ähnliche Mittel?

Notizen

1.3. Hilfreiche Kontakte

Überlegen Sie, wer Ihnen wie behilflich sein kann. Wenn Sie das für sich gut überlegt haben, können Sie das den betreffenden Personen sagen.
So können Sie selber entscheiden, was die anderen für Sie tun sollen, und für ihr Umfeld bringt das Klarheit und Sicherheit.

Wann ist es notwendig, Hilfe zu holen?
Wen wollen Sie kontaktieren?
Wie nehmen Sie Kontakt auf?

Was hilft Ihnen, sich daran zu erinnern,
die Unterstützung dieser Menschen zu suchen?
Das kann eine einfache Namensliste sein oder ein Symbol.

Gibt es Maßnahmen, die Sie vorher treffen können?
Z. B. Vereinbarungen, ähnlich diesen Beispielen:

»Wenn ich mich zurückziehe, bleibe bitte in Kontakt mit mir. Auch wenn ich sage, ich will Ruhe haben. Ich weiß, das ist besser für mich.«

»Wenn ich deine Anrufe und SMS nicht beantworte, verständige bitte meinen Bruder, die Mutter oder meine Ärztin.«

Notizen

1.4. Aus verschiedenen Quellen schöpfen:

Quellen sind wie Tankstellen zum Aufladen der Lebensenergie. So wie Sie Ihr Auto zum Service geben und das Smartphone aufladen, brauchen auch Sie entsprechende Ladestationen.

bung

Wobei können Sie sich am besten erholen?
Bei welchen Tätigkeiten können Sie gut abschalten?
Sammeln Sie, was Ihnen spontan einfällt,
und ergänzen Sie die Liste nach und nach.

Notizen

Hier finden Sie Anregungen zu verschiedenen Quellenbereichen:

1.4.1. Musik

Musik ist älter als Sprache.

Feste, Zeremonien, allen voran Übergangsrituale wie Hochzeit und Begräbnis, sind von Musik begleitet.

Eigene Stimmungen und Gefühle werden durch Musik entdeckt oder verstärkt.

»Musik und Rhythmus finden ihren Weg zu den geheimsten Plätzen der Seele«, soll Platon gesagt haben und Pythagoras wird in den Mund gelegt:
»Das ist das Wesen der Musik, dass sie die Seele zur Harmonie des Weltalls stimmt.«

Haben Sie stärkende oder tröstende Ohrwürmer? Also Lieder, die Ihnen wie in einer Endlosschleife immer wieder durch den Kopf gehen?
Allzu oft rufen unliebsame Ohrwürmer quälende Erinnerungen hervor. Warum nicht aktiv aufbauende und ermutigende Ohrwürmer einsetzen und entwickeln?
»Für mich soll´s rote Rosen regnen ...« von Hildegard Knef bietet sich vielleicht an. Das Lied von Pippi Langstrumpf kann guttun und aufmuntern. Auch zur Beruhigung und zum Trost kann ein vertrautes Kinderlied wirksam sein.

Halten Sie eine CD mit Lieblingsmusik bereit. Falls Sie Ihre Musik nur noch digital verfügbar haben, kann eine alte CD-Hülle als Erinnerung dienen. Möglicherweise besitzen Sie auch noch Schallplatten. Wenn ja, könnten Sie immer wieder eine Hülle als Bild auf einem Regal in den Vordergrund rücken.

Übung

Wählen Sie Musik aus, die sie mögen und horchen Sie im Stehen, liegen oder Sitzen. Stellen Sie sich vor, Sie atmen die Töne ein, die Musik breitet sich in Ihnen aus. Summen Sie dabei. Durch die dazu entstehenden kleinen Schwingungen kommt Ihr Inneres in Bewegung. Singen belebt und regt die Botenstoffe an. Schwingen Sie, bis Sie schaukeln. Schließlich können Sie auch dazu tanzen.

»Mit einem Bild möchte ich etwas Tröstliches sagen, so wie Musik tröstlich ist.«
Vincent van Gogh

Hinweise zur Verwendung von bilateraler Musik finden Sie im Kapitel »Für den Kopf« auf Seite 51.

30

1.4.2. Leibspeise

Achten Sie darauf, möglichst in Ruhe zu essen. Das ist neben dem Beruf oder mit kleinen Kindern selten einfach umzusetzen und bedarf daher einiger Aufmerksamkeit.

Essen Sie alleine zu Hause entspannt und genüsslich?

Verwöhnen Sie sich gelegentlich mit einer herzhaften Mahlzeit?

Was essen Sie gerne?

Erinnern Sie sich an die Lieblingsspeisen Ihrer Kindheit?

Mögen Sie diese nach wie vor?

Wenige gönnen es sich, nur für sich selbst etwas Schmackhaftes zu kochen und liebevoll anzurichten. Erlauben Sie sich das »Sonntagsgeschirr«, auch wenn Sie alleine essen?

Pflücken Sie ein paar Wiesenblumen und stellen Sie diese in einer schönen Vase auf den Tisch. Nur für sich.

Oder, wie können Sie sich Freude bereiten?

Notizen

1.4.3. Erinnerungsstücke

Angenehme Erinnerungsstücke, wie Schmuck von der Großmutter, das Bettelarmband aus der Kindheit oder die Lok von der Modelleisenbahn, schlummern häufig in Kartons am Dachboden. Dort können sie ihre Aufgabe nicht erfüllen. Opas Sturmfeuerzeug könnte auf dem Schreibtisch herumliegen. Beim Nachdenken über eine Formulierung für einen Brief können Sie es zwischen die Finger gleiten lassen, falls Opa einer war, der da hilfreich sein konnte.

Glücksbringende Schweinchen
oder Kleeblätter, aus der untersten Lade
hervorgeholt, können möglicherweise die Hoffnung nähren.

Programmheftchen, Bilder, Postkarten oder Eintrittskarten einer interessanten Ausstellung oder vom letzten Konzert wirken weiter, wenn Sie diese im Blick haben. Die Erinnerung an Ausflüge oder Theaterbesuche kann ausgedehnt werden, wenn Sie sich diese Überbleibsel vor Augen halten. Bewahren Sie Fotos von beeindruckenden Wandererlebnissen oder geselligen Zusammenkünften, an die Sie gerne zurückdenken, so auf, dass Sie diese immer wieder durchsehen können. Machen Sie das auch mit Glückwunschkarten und Briefen, die Ihr Herz erfreuen.

Haben Sie als Kind gerne »Daktari« gesehen oder »Wickie und die starken Männer«? Ob »Raumschiff Enterprise« oder »Bezaubernde Jeannie«, Sie werden Ihre Lieblingsserie höchstwahrscheinlich auf Youtube finden. Es kann guttun, wieder einmal einzutauchen.

Es kann behaglich sein, alte Filme wieder anzuschauen.
An was erinnern Sie sich gerne?
Gibt es Zeichentrickserien, an die Sie gerne zurückdenken?

Notizen

Manchmal ist es auch fein, in alten Kinderbüchern zu blättern oder zu lesen. Haben Sie eines im Kopf, das Sie nicht mehr besitzen, lohnt es sich möglicherweise, im Internet nach einer gebrauchten Ausgabe zu suchen. Vielleicht finden Sie auch eine Neuauflage.

1.4.4. Bequemes

Haben Sie Wohlfühlkleidungsstücke?
Oft sind dies alte, bequeme Jogginghosen,
kuschelige Pullover oder dicke, weiche Socken.
Es kann jedoch auch etwas Feines sein, das Ihnen behagt.
Die besten Stücke für besondere Anlässe aufzubewahren, ist ohnehin gefährlich, denn die Motten könnten Appetit darauf bekommen. Besitzen Sie eine flauschige Decke, in die Sie sich fest einwickeln können, und anschmiegsame Pölster? Es ist wunderbar, wenn diese in Farben gehalten sind, die ihre Augen erfreuen. Beträufeln Sie sie mit ein paar Tropfen Aromaöl, das nach Vanille, Lavendel, Zitronengras oder was Sie eben gerne mögen, duftet.

Kommt aus einem Fenster der Geruch einer Speise aus der Kindheit, ziehen dazugehörige Erinnerungen über die Nase in unseren Kopf. Daran ist die Wirkkraft von Gerüchen gut zu erkennen. Mit Duftölen, Räucherstäbchen, Aromalampen lässt sich das Raumklima mitgestalten. Kräuterkissen und Gewürzpflanzen können Einfluss auf unser Befinden nehmen. Der Oreganostrauch am Küchenfenster erinnert an das milde Wetter im Urlaub und die afrikanische Gewürzmischung vom Markt verströmt Wohlbefinden, vielleicht auch ohne, dass wir wissen, warum.

Notizen

1.4.5. Farbe und Licht

Ob graue Maus oder bunter Vogel, die Farben, mit denen wir uns umgeben, beeinflussen die Stimmung. Welche wie wirkt, lässt sich besser selber entscheiden, als zu viel in Ratgebern nachzulesen. Der knallrote Pullover erdrückt Sie vielleicht, wenn Sie gerade schwach sind, und kann an einem anderen Tag Kraft geben. Schrille Farben muntern die eine auf und erschlagen den anderen.

☺bung

Probieren Sie Verschiedenes aus:
Licht durch orange Tücher bringt Geborgenheit in die Stube.
Ein blau durchflutetes Zimmer öffnet vielleicht den Brustkorb
und befreit den Atem.

In der trüben Jahreszeit könnte eine Tageslichtlampe Ersatz für fehlendes Sonnenlicht schaffen.
Gibt es eine geschenkte Kerze in Ihrem Regal? Wollen Sie diese entzünden, bevor sie verstaubt?

Welche Farb- und Lichtstimmungen tun Ihnen gut?

Notizen

1.4.6. Worte

Nimm leicht, was nicht schwer sein muss.

Worte können verletzen und Worte können heilen.

Damit ermutigende, tröstliche Worte, Sätze, Gedichte und Geschichten nicht verloren gehen, bewahren Sie diese sorgsam auf.

Ein Beispiel für einen kurzen, klaren Satz:
»Schade um die Zeit.«
Ja, so manches ist ärgerlich, himmelschreiend, haarsträubend und kann uns zur Weißglut bringen oder auf die Palme treiben. Sich darin zu verbeißen und zu verstricken, ist vergebens. **»Schade um die Zeit.«** Dieser Satz dient zur Erinnerung daran, besser nicht am Unmut haften zu bleiben, sondern sich nach kurzem Ärgern wieder anderem zuzuwenden. Denn:
»Schade um die Zeit.«

»Glücklich ist, wer vergisst, was nicht mehr zu ändern ist« frohlockte ein Tenor im Radio meiner Großmutter. Als Kind fand ich das entsetzlich. In der Zwischenzeit finde ich den Satz ansprechend.

»Pfeif drauf« und ein Liedchen pfeifen. Das gelingt selbstverständlich nicht immer, aber immer öfter.

Schreiben Sie Sätze Ihrer Wahl, die heilsam, stärkend oder tröstlich sind mit wasserfestem Filzstift auf ein Häferl, mit Wäschestift auf ein Leiberl oder mit Schminkstift auf den Spiegel.

»Ich werde es auch diesmal wieder schaffen.«
»Ich mache das Beste daraus.«

Wenn Sie sich ein Körbchen oder eine Schachtel mit Ihren Lieblingsgedichten, Zitaten, Postkarten mit guten Sprüchen zulegen, können Sie hin und wieder darin schmökern.

Geschichten auf Papier, gerollt und mit Bändchen, können in einer Vase gesammelt werden.

Sprüche auf der Pinnwand sind immer da und werden dadurch irgendwann übersehen. Sie springen uns nicht mehr ins Auge. Die im Töpfchen gesammelten können Sie herausholen, voller Neugier darauf, was Sie da im Laufe der Zeit hineingesteckt haben.

Falls durch diese Idee Platz auf dieser Pinnwand frei geworden ist, können Sie dort Eintrittskarten vom letzten erquicklichen Film oder amüsanten Theater hinpinnen. So halten Sie die angenehme Erinnerung länger wach. Noch einzuzahlende Stromrechnungen hingegen empfehlen sich nicht an so prominenter Stelle. Es ist gut, sie nicht aus dem Auge zu verlieren, als Augenweide taugen sie allerdings nicht.

»Übermut tut selten gut.«
»Was Hänschen nicht lernt, lernt Hans nimmermehr.«
»Am Abend werden die faulen fleißig.«

Manchmal prägen sich unangenehme Sätze und Redewendungen aus der Kindheit ein. Diese sitzen fest, auch wenn sie den Erfahrungen und den eigenen Werten nicht mehr entsprechen. Was uns eingeimpft wurde, ist ins Blut übergegangen. Wie es bei einem Impfstoff eben geschieht. Wie sollte das wieder herausgefiltert werden können? Das Eingeimpfte wirkt, auch wenn uns die Vernunft eines Besseren belehren will. Wie also ist da Abhilfe möglich? Das beste Gegenmittel ist, sich stetig mit genügend heilsamen Wirkstoffen zu nähren.

Übung

Formulieren Sie Ihre inneren Sätze um, falls Sie nicht mehr förderlich sind:

»Ich darf keine Fehler machen.« wird zu **»Nobody is perfect.«**.

Es dauert und braucht geduldiges Wiederholen, bis das Neue ins Blut übergegangen ist.

Notizen

1.4.7. Tiere

Lieben Sie Kontakt zu Tieren?

Sind Tiere für Sie wichtig?

Falls ja, Sie aber keine dauerhaft
versorgen können, dann besuchen
Sie Menschen mit Tieren! Kümmern
Sie sich um die Tiere von Bekannten
oder im Tierheim. Teilen Sie die
Pflege eines Hundes der
Nachbarsleute oder der Familie.

Notizen

1.4.8. Orte

Es gibt Orte, an denen sofort bei Ankunft Urlaubsstimmung aufkommt. Kaum dort, scheint der Alltag fern.

Welche Orte tun Ihnen gut?
Sind Sie gern am Wasser, im Wald oder in den Bergen?

Notizen

Wo fühlen Sie sich wohl?

Notizen

Wo fühlen Sie sich sicher?

Notizen

Wo fühlen Sie sich geborgen?

Notizen

1.4.9. Augen

Mit den Augen über Landschaften und
Bilder einer Ausstellung wandern...

In die Wolken schauen, kann beruhigen
und anregen.

Spätestens im Herbst, wenn alles grau ist,
bemerken wir, dass auch die Augen
Nahrung brauchen.

Zeit, um die bunten Knöpfe in der
Nähkassette zu sortieren und einen
Fotoband zur Hand zu nehmen.

Oder brauchen die Augen Ruhe?

Was tut Ihren Augen gut?

Notizen

1.4.10. Lachen und Humor

»Lachen
ist die beste Medizin.«
Wie wahr doch dieses
Sprichwort ist. Darüber hinaus
ist es auch sehr kostengünstig
und rezeptfrei.

Vorsicht: Lachen ist ansteckend!

»Lachen ist eine körperliche
Übung von großem Wert für
die Gesundheit.«
Aristoteles (384 - 322 vor unserer
Zeitrechnung), griechischer Philosoph.

Beim Lachen kommt der Stoffwechsel in Schwung und Botenstoffe werden ausgesendet. Auch wenn Sie sich nicht freuen und sie nur »so tun, als ob« Sie lachen würden, wird ihr Gehirn und ihr Körper darauf antworten. Sie schütten entsprechende Hormone aus und gute Gefühle kommen dazu. Vielleicht haben Sie Lust und die Möglichkeit, ein Lachyogatreffen zu besuchen. Schauen Sie gerne lustige Filme an? Oder mögen Sie Kabaretts? Wenn ja, dann vernachlässigen Sie das nicht.
Humor schafft Abstand. Über sich selber lachen zu können, ist befreiend.

Nutzen Sie Möglichkeiten, zu blödeln. Hüpfen, springen, gackern, lallen, »Gesichter schneiden« (grimassieren) und singen sind sehr erfrischend.

Notizen

1.4.11. Spirituelles

Es ist möglich, sich jeden morgen beim Aufwachen darüber zu freuen, was gut ist. Denken Sie auch an einfache Dinge, die für Sie selbstverständlich scheinen: «Ich kann gehen», »Ich kann lesen«. »Ich kann summen« und Ähnliches. Im Weiteren können Sie dafür dankbar sein. Wem genau sind Sie da dankbar? Für manche ist das eine Gottheit, für andere das Leben und so einigen ist es gar nicht klar, wem oder was der Dank gilt. Diese Verbundenheit findet die eine in der Natur, der andere im Jahreskreis, in dem sich das Mysterium von Leben und Sterben zeigt, und einige finden sie im Kontakt mit den Ahnen.

Wenn Sie an das denken, was gut ist, müssen Sie vielleicht auf Holz klopfen, denn Sie wollen nichts verschreien. Dieses magische Denken kann in Maßen Stütze sein und Sicherheit geben. Ich denke, es ist gut, sich das zu erlauben, wenn es nicht übertrieben stark im Vordergrund steht.

Es empfiehlt sich, immer wieder zu überprüfen:

Tut mir das gut?

Fördert das meine Gesundheit?

Schadet es mir?

Stellen Sie dieseFragen auch zur Beschäftigung mit Religion oder Esoterik.

44

bung

>>Meine Sehnsucht nach der Wahrheit
ist mein einziges Gebet.<<
Edith Stein (1891 -1942),
Philosophin und Frauenrechtlerin.

Wollen Sie Wertschätzung und Dankbarkeit nähren?
Diese Übung kann dabei nützlich sein:

>>Da habe ich mich wohlgefühlt in meiner Haut.<<
>>Da war ich erfolgreich.<<

Was fällt Ihnen ein zu diesen Sätzen?

Notizen

Machen Sie von sich in diesen Stimmungen und von diesen Situationen innere Fotos. Stellen Sie sich vor, Sie haben zwei oder drei Bilder in dieser Art immer bei sich, in einer vorgestellten Hosentasche oder dergleichen, und können sie jederzeit betrachten, wenn es erforderlich ist.
Was können Sie tun, um sich bei Bedarf an diese Schnappschüsse zu erinnern?

Notizen

1.5. Menschen

Die beste Freundin? Ein Kollege? Die gute Seele von nebenan? Mit wem fühlen Sie sich sicher? Überlegen Sie, wen Sie in schwierigen Situationen zur Seite haben wollen.

»Freundinnen und Freunde sind wie Sterne, sie sind auch da, wenn du sie nicht siehst.«
(Quelle unbekannt)

Planen Sie Ausstellungsbesuche, vereinbaren Sie Ausflüge oder buchen Sie ein Konzertabo, wenn sie gerade guter Dinge sind. Wird es mühsamer, sich aufzuraffen, steht bereits ein Treffen im Kalender, das Sie einhalten wollen, und Sie müssen sich nicht darum bemühen oder sich anspornen, etwas zu unternehmen.

Fällt es Ihnen manchmal schwer, Ihre Kontakte zu pflegen?
Sich regelmäßig bei den wichtigsten Menschen zu melden, ohne viele Worte, kann helfen. Etwa einen Brief senden oder ein Mail, mit Bildern von einem Ausflug oder Ähnlichem. Vielleicht kommt die Antwort auch gerade dann, wenn es Ihnen nicht gut geht.
Beim Verabschieden nach einem Treffen gleich das Wiedersehen zu besprechen, erspart es Ihnen, sich Gedanken zu machen, wann Sie sich wieder melden sollten und sich dazu eventuell überwinden zu müssen.

Notizen

1.6. Bewegung

Durch Bewegung wird die Starre oder Lähmung aus dem Körper geschüttelt, der Stoffwechsel angekurbelt und die Botenstoffe werden in Schwung gebracht.

Die Stimmung beeinflusst den Körper und umgekehrt. Bewegung und Körperhaltung wirken auf die Befindlichkeit. Das können Sie nutzen, wenn Sie möchten.

»Fake it, till you make it.«
Tun Sie als ob, bis es ankommt. Was meine ich damit?
Ein zufällig gehörtes Lied im Radio, das Ihnen unter die Haut geht, beschwingt Sie, falls Sie dafür gerade empfänglich sind. Was aber, wenn nicht? Wenn Ihr Körper wie taub ist für den Rhythmus und Sie nie auf die Idee kommen würden, sich einzuschwingen, mitzuwippen, zu summen oder zu trällern?
Versuchen Sie, es trotzdem zu tun. Bis es ankommt. Im Tun geben Sie Ihrem Körper die Chance, zur Musik zu finden. So können Sie gute Laune erzeugen, anstatt zu warten, bis sie von alleine kommt. Denn kopfhängend im Sofa sitzend dauert das viel länger.
Wollen Sie ausprobieren, wie der Körper auf die Stimmung wirkt?

bung

Setzen Sie sich mit gesenktem Kopf und hängenden Schultern in einen Sessel. Machen Sie den Rücken rund, damit Sie möglichst tief nach vorne knicken können. Ziehen Sie dann die Mundwinkel nach unten und lassen Sie Ihre Lider »auf Halbmast« hängen. Bleiben Sie ein paar Minuten so.
Wie wirkt sich diese Haltung auf Ihre Stimmung aus?

Jetzt richten Sie sich auf. Stehen Sie auf. Schütteln Sie sich. Klopfen Sie sich ab. Grimassieren Sie lustig und jodeln Sie, hüpfen Sie und lallen Sie. Tanzen Sie. Machen Sie das, so lange Sie möchten.
Wie wirkt sich diese Haltung auf Ihre Stimmung aus? Merken Sie einen Unterschied?

Tanzen, hüpfen und springen Sie, so oft Sie Gelegenheit dazu finden. Etwa mit dem Hund im Wald, beim Spielen mit Kindern oder allein zu Hause.

Regelmäßig Turnen belebt, gibt Kraft und Sicherheit. Wenn Sie zum Rückenturnangebot in Ihrer Nähe gehen, sind Sie unter Menschen. Allein zu Hause können Videos anregen. Wenn Sie nicht fit sind oder wenig Zeit haben, machen Sie zumindest das Aufwärmprogramm. Die Methode, die Sie wählen, ist Geschmacksache oder hängt von dem ab, was Sie schon kennengelernt haben. Egal, ob Yoga, Qigong oder Feldenkraisübungen, Hauptsache Sie bewegen sich regelmäßig. Der Bewegungsdrang wächst, wenn der Körper die Freude am Tun entdeckt.

Bewegung in der Natur: Wandern, laufen, in den Wald gehen, schnell gehen, sich auspowern, im Park spazieren gehen, Radfahren um den See, oder was immer Ihnen zusagt.

Dehnen, strecken, gähnen:
Jedes Säugetier streckt sich, bevor es aus der Ruhe in die Aktivität kommt. Nur Menschen können darauf vergessen. Wenn der Wecker läutet, springen manche entweder gleich auf oder gönnen sich noch ein paar Minuten unter der Decke. Nur wenige strecken sich ausgiebig und genüsslich vor dem Aufstehen.
Dabei bereitet das Strecken und Rekeln die Muskeln auf ihre Arbeit vor, sie werden dadurch aufgewärmt, durchblutet, geschmeidig und die Körperspannung wird aktiviert. Das hilft, achtsamer durch den Tag zu gehen und das Sitzen, Gehen und Stehen genauer wahrzunehmen. Sie spüren eher, wann Sie Bewegung oder eine Haltungsänderung brauchen oder sich auch zwischendurch strecken wollen.
Die innere Haltung und die Körperhaltung stehen in Wechselwirkung zueinander. Verzagt zu stehen ist anders als entschlossen. Stimmungen wirken sich auf die Körperhaltung aus. Im Wohlfühlen weitet sich der Brustkorb. Bei Angst, Stress, chronischer Müdigkeit und nach Schock ziehen sich die Muskeln zusammen. Dehnen und Strecken helfen dabei, sich aus der Erstarrung zu lösen, weicher und geschmeidiger zu werden. Dabei ausgiebig zu gähnen, regt die Atmung an und versorgt den Körper mit Sauerstoff. Der Stoffwechsel und die Botenstoffe werden angekurbelt. An der Produktion von Tränenflüssigkeit können Sie erkennen, dass alles in Fluss kommt.

bung

Fünf Minuten vor dem Aufstehen im Bett rekeln und strecken. Das ist ein geringer Zeitaufwand, es sind keine zusätzlichen Vorbereitungen notwendig und die Wirkung ist großartig. Zwischendurch die Übung wiederholen erhöht das Wohlbefinden.

So können Sie spontanes Strecken auslösen:
Ziehen Sie beide Arme weg vom Körper, über die Brust und über den Kopf. Machen Sie sich lang. Ziehen Sie einen Arm nach oben, einen nach unten und das Gleiche dann umgekehrt. Machen Sie Ihre Beine so lang wie möglich. Rechtes Bein lang machen und linken Arm nach oben schieben und dann umgekehrt. Sobald Sie Impulse zum Dehnen und Rekeln verspüren, einfach zulassen.

»Bei den meisten Menschen ist die Ruhe nichts als Erstarrung und die Bewegung nichts als Raserei.«
Epikur (341-271 v. Chr.), griechischer Philosoph.

Viele einfache Übungen sind sehr wirksam und belebend:

- Augen drehen,
- »Pferdeschnauben« (in etwa so, wie es ohnehin bei Anstrengung oft spontan geschieht, jedoch damit übertreiben),
- den Körper sanft mit den Händen abklopfen,
- schaukeln,
- summen,
- spielen,
- Grimassen schneiden,
- gackern.

Möglichkeiten, um mit dem Körper gut in Kontakt zu kommen, sind die Verwendung von:

- Eisbrillen,
- Eisbeuteln,
- anregende Badezusätze,
- Öle und Lotionen,
- kaltes Wasser,
- ausgiebig duschen und
- sich dabei mit einem Sisalhandschuh abreiben sowie
- die Füße massieren und
- Fußbäder.

Notizen

Notizen

1.7. Für den Kopf

Kommt Ihr Kopf manchmal auf dumme Gedanken?
Möchten Sie diese unterbinden oder beenden können?

Notizen

 bung

Wenn Sie Ihren Kopf beschäftigen, können Sie nicht gleichzeitig grübeln. Kommt Ihnen ein Horrorszenario in den Kopf, versuchen Sie dem eine angenehme Gedankenreise entgegen zu halten. Immer wieder. Das gelingt anfangs vielleicht nur für Zehntelsekunden. Dann für Minuten. Nach geduldigem Üben machen Sie es irgendwann wie von selbst.

Denke nicht an einen Stern!

kein

Denken Sie jetzt bitte nicht an einen rosa Elefanten! Gelungen?
An etwas absichtlich nicht denken ist nicht möglich. Will ich nicht an rosa Elefanten denken, ist es besser, mich mit gelben Krokodilen zu beschäftigen.
Anstelle Gedanken loslassen zu wollen ist es einfacher, erstrebenswerte Gedanken anzupacken und zu versuchen, an etwas Angenehmes zu denken.

Die meisten Sorgen müssten nicht im Vordergrund sein.
Zwischen kleinen und großen Sorgen zu unterscheiden hilft, einen angemessenen Umgang mit Ihnen zu finden.

Handelt es sich bei der Sorge um eine unmittelbare und tatsächliche Bedrohung der Existenz oder der Gesundheit? Oder geht es dabei um etwas, was in drei Wochen kein Thema mehr sein wird?

Lenken Sie sich mit selbst gemachten Sorgen und mit Grübeln von einem gesunden Leben ab?

Übung

Stellen Sie sich eine Bühne vor. Sie stehen in der Mitte, im weichen, warmen Licht eines Scheinwerfers. In einem Wohlfühlkegel, mit wohltuenden Gedanken.

Neben sich sehen Sie einen zweiten Lichtkegel, aus grauem, kaltem und hartem Licht. Dort findet Grübeln statt. Lenken Sie die Aufmerksamkeit immer wieder zu sich im Wohlfühlzustand. Immer wieder. Füttern Sie Ihren Kopf mit neutralen und angenehmen Gedanken. Halten Sie Tagträume bereit, auf die Sie sich freuen können. Zum Beispiel von Ausflügen in die Natur, vom Gestalten eines Phantasiegarten, usw. Achten Sie auch darauf, keine zur Zeit belastenden Inhalte zu wählen. Die Vorstellung eines Waldspaziergangs kann wegen Knieschmerzen ihre Wirkung verlieren, und einen Fantasiegarten zu gestalten, entspannt möglicherweise nicht, wenn der Rasenmäher kaputt ist.

Vielleicht möchten Sie dieses Bild von den Lichterkegeln für sich abwandeln.

Locken Sie sich immer wieder mit angenehmen Gedanken, falls Sie unerwünscht ins Grübeln schwenken. Sagen Sie freundlich: **»Ja, das kann passieren, und jetzt wechsle ich wieder zu einer freudvollen Vorstellung und komme zur Ruhe.«**

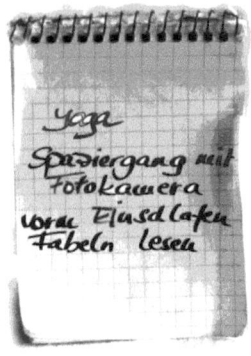

So lenken Sie nicht vom Grübeln ab, sondern Ihre Aufmerksamkeit wieder dem Leben zu, der Lebendigkeit und der Gesundheit.

Manchen Menschen hilft die Vorstellung, einen erquicklichen Film bereitzuhalten, der in der Vorstellung abgespielt werden kann, oder eine Geschichte zum Weiterspinnen. Wichtig ist, dies vorher, bei guter Stimmung, vorzubereiten.

Das Grübeln kann nicht gänzlich beendet werden. Es kommt und geht. Sorgenvolle Gedanken können immer wieder auftauchen. Das Ziel ist, nicht bei ihnen hängen zu bleiben. Das braucht Geduld. Geduld mit sich selber! Dabei ruhig zu bleiben fördert das Verweilen bei den angenehmen Gedanken. Im Ärger sind kein Trost und keine Entspannung zu finden. Einschlafen wird unmöglich. Desgleichen, wenn Sie mit sich schimpfen, weil es mit dem Abschalten wieder einmal nicht gelingt.

Übung

Diese Übung ist geeignet, um besser einzuschlafen.
Stellen Sie sich vor, Sie sind zu sich selber wie eine tröstende und
liebevolle Nanni. Sie beruhigen sich und lenken Ihre Gedanken auf etwas
Besänftigendes. Vielleicht möchten Sie singen und sich wiegen.

Wir können nicht »Nicht-Denken«. Um den Kopf freizubekommen ist es
also gut, ihn mit harmlosen Dingen zu beschäftigen. Zählen ist dafür gut
geeignet. Beim Zählen der Atmung oder beim Zählen der Schritte ist kein
Platz für belastende Gedanken. Das Gleiche gilt beim Auswendiglernen
oder Aufsagen eines Gedichtes, beim Lösen von Rätseln, Lesen
schwieriger Texte oder Horchen von fesselnden Hörbüchern. Auch wenn
Sie laut singen, können Sie nicht gleichzeitig Grübeln.
Bilaterale Musik wurde in der Traumatherapie entwickelt (EMDR). Dabei
werden verschiedene Gebiete im Gehirn stimuliert und das entspannt. Das
beruhigt bei Unruhezuständen und Gedankenkreisen. Die Musik wechselt
dabei von einem Ohr zum anderen. Daher sind Kopfhörer zu benutzen. Es
gibt verschiedene Angebote im Internet. Meist sind kostenlose Hörproben
dabei. So können Sie ausprobieren, ob Ihnen das behagt.

Meditationstechniken zu erlernen ist, erwiesenermaßen sehr gesund.

Notizen

1.8. Anker setzen

Ein Knopf im Taschentuch kann Sie daran erinnern, ein Geschenk für Tante Anna zu besorgen. Woher aber weiß der Knoten das? Wie auch immer, es wirkt. Meist zumindest.

Genauso können Sie eine Glaskugel ins Badezimmerregal legen. Wann immer Sie Ihnen ins Auge fällt, entsinnen Sie sich daran, den Tag mit Atemübungen zu begrüßen.

Ein Foto von einem brüllenden Löwen ruft das morgendliche Gähnen, Stecken und Dehnen ins Gedächtnis.
Ein Bild vom Wald bringt Ihr Vorhaben, öfter einen Abendspaziergang zu machen, ins Bewusstsein. Das alles und Ähnliches sind Anker, die Sie an Ihre Vorhaben erinnern.

Woran möchten Sie erinnert werden?

> Notizen

Welches Symbol, welchen Gegenstand oder welches Bild möchten Sie dafür verwenden?

> Notizen

Geben Sie nicht auf, auch wenn Ihre Anker Sie in belasteten Situationen nicht erreichen, und suchen Sie weiter, bis Sie etwas finden, das zu Ihnen durchdringt. Nach einiger Zeit lässt die Wirkung möglicherweise nach. Manchmal genügt es, den Anker woanders zu platzieren, und wenn nicht, so suchen Sie sich einen neuen.

1.9. Stoppschild

Grübeln?

Schwarzmalen?

Trübsal blasen?

Zerstörerische Gedanken?

Arbeitswut?

u.s.w.

Was möchten Sie unterbrechen?

Notizen

Hilft Ihnen dazu ein Bild?
Oder eher ein Satz?
Wie kann dieser formuliert sein?

Notizen

Möchten Sie länger bei der Sache bleiben?
Wäre es für Sie besser, öfter eine Auszeit zu nehmen?

Notizen

Übung

Schreiben Sie eine Betriebsanleitung für sich:

Notizen

Wollen Sie sich einem Anliegen ausgiebig widmen, können Sie **»Da spielt die Musik«** sagen, um nicht abzuschweifen, ins Grübeln zu geraten oder sich mit überflüssigen Sorgen zu beschäftigen. Oder: **»Bleib hier«**, so wie es die Fitnesstrainerinnen in den Videos von Turnprogrammen sagen, wenn es ums Durchhalten geht. **»Bleib hier!«**, um nicht abzudriften, jetzt nichts infrage zu stellen, einfach dranzubleiben. Was ist ein passender Satz für Sie?

Notizen

Auf der anderen Seite kann es darum gehen, eine Pause zu machen. Manchmal ist es eben zu viel. Sich das einzugestehen, ist nicht immer einfach. Wir wissen, unser Laptop stürzt ab, wenn zu viele Fenster offen sind und arbeiten manchmal weiter. Wir erkennen auch bei uns nicht immer, wann wir an der Grenze zur Überforderung sind. Manchmal merken wir es und machen trotzdem weiter. Wie ist das bei Ihnen?

Notizen

Es macht Sinn, hin und wieder innezuhalten und sich zu fragen:

Wenn ich den eingeschlagenen Weg weiter gehe,
dient das meinem Wohlbefinden?

Notizen

Was können Sie für sich tun, um in guter Stimmung zu sein?

Notizen

Was ist Ihnen wertvoll?

Notizen

Wie können Sie Wertvolles bewahren und pflegen?

Notizen

Zeigen Sie Ihre Schätze nur Menschen, die diese und Sie als Person achten und daher sorgsam das Gezeigte würdigen.
Um sich vor den weniger achtsamen Menschen zu schützen, müssen Sie keine Mauer aufbauen. Diese könnte Ihnen die Sicht auf Schönes und Angenehmes verstellen.

Fragen Sie sich: Wer darf mir nahe kommen? Wie nahe?
Wie kann ich gut in die Welt hinaus schauen?
Bilder von Grenzen aus Energie, die sicher und durchlässig zugleich sind, sind förderlich. Etwa ein schützender Lichtkegel, der Sie bewahrt, oder eine Salbe, die Sie versiegelt.
Fällt Ihnen etwas Passendes für sich ein?

Es ist auch möglich, sich eine Schutzzone oder eine eigene Atmosphäre zu schaffen, indem Sie sich mit ihren mitgebrachten Düften und Gerüchen umhüllen. Unter vielen Menschen kann Sie ein Tropfen Ihres persönlichen Wohlfühlduftes am Handgelenk zentrieren und erden.

Notizen

1.10. Sonderthemen

Bei selbstzerstörerischem Verhalten, Selbstverletzung oder Sucht ist es ratsam, Hilfe zu suchen. Nehmen Sie sich genug Zeit, eine passende Einrichtung oder einen vertrauenswürdigen Therapieplatz zu finden. Versuchen Sie, Ihren zerstörerischen Impulsen wohlwollend zu begegnen und sagen Sie:

»Es war einmal wichtig, und ich brauche es nicht mehr.«

Dissoziierendes Verhalten zu erkennen, über die Abläufe Bescheid zu wissen und das Phänomen zu verstehen, hilft.

Dissoziieren heißt abspalten. »Abspalten« ist ein wichtiger Abwehrmechanismus, denn er hilft, bedrohliche Zustände erträglich zu machen. Gefühle, Erinnerungen und/oder die Körperwahrnehmung können abgespaltet werden. Das »Abspalten« kann jedoch unpassend auftreten, sich selbstständig machen, überhand nehmen, schlichtweg stören. Manchmal gibt es Auslöser (»Trigger«), die an früheren Bedrohungen andocken. Das heißt, alter Stress wird plötzlich aktiv. Als Beispiel: Durch das Rumpeln der Waschmaschine werden Erinnerungen an einen Hubschrauber wachgerüttelt, die innerlich den früher erlebten Krieg aufleben lassen. Das kann den damit verbundenen Stress und die Bedrohung hartnäckig in den Vordergrund rücken. Das Wissen, in Sicherheit zu sein, wird nicht entsprechend erlebt. Es fühlt sich an, als ob Krieg wäre.
Was hilft?
Versuchen Sie sich mit Sätzen in die aktuelle Situation zu bringen:
Jetzt bin ich in Sicherheit, jetzt bin ich erwachsen. *»Es war schlimm und es ist vorbei.«* Das muss oft geübt werden und gelingt von Mal zu Mal besser.

65

Versuchen Sie folgendes, um sich im Moment gut zu spüren und sich dadurch in die Gegenwart zu lenken: Lassen Sie Ihre Augen geöffnet und nehmen Sie mit den Füssen den Boden, auf dem Sie stehen, bewusst wahr.

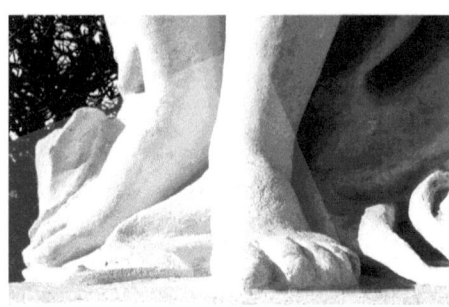

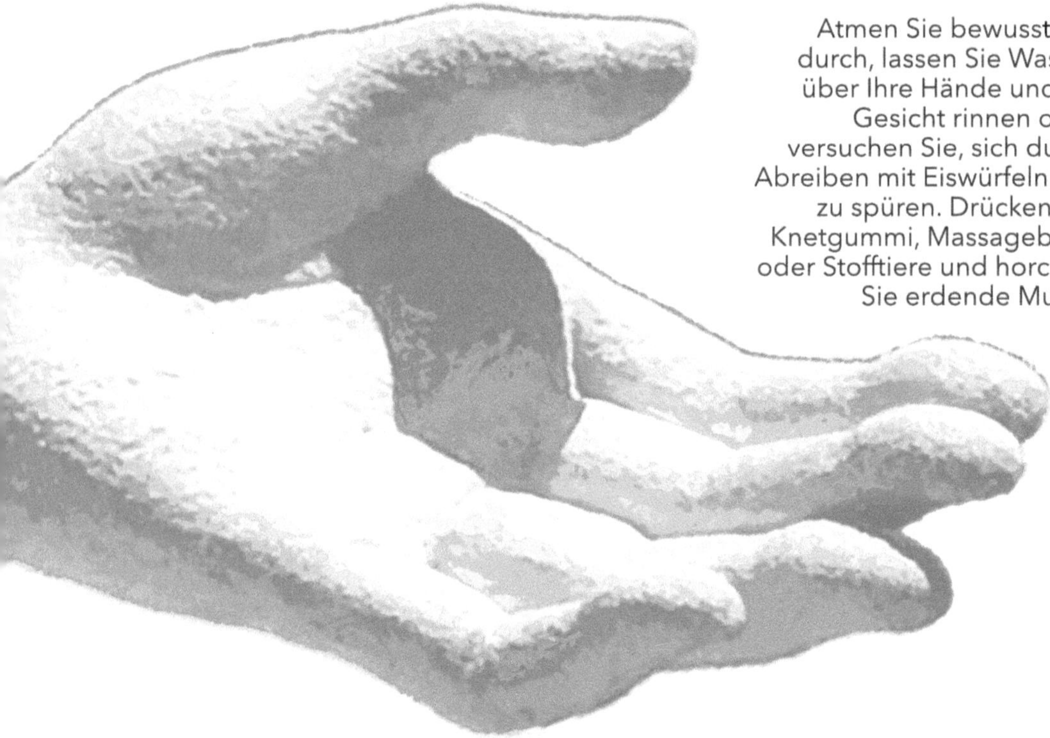

Atmen Sie bewusst tief durch, lassen Sie Wasser über Ihre Hände und Ihr Gesicht rinnen oder versuchen Sie, sich durch Abreiben mit Eiswürfeln gut zu spüren. Drücken Sie Knetgummi, Massagebälle oder Stofftiere und horchen Sie erdende Musik.

Beachten Sie bei alledem:
Was der einen hilft, kann den anderen triggern. Wählen Sie für sich, was für Sie passt.

Für Erinnerungen, die Sie überfluten, können Sie die Vorstellung entwickeln, diese sicher wegzusperren. Wie könnte das aussehen? Was braucht es, damit es sicher ist? Dieses Bild muss oft geübt sein, um in Akutsituationen verfügbar zu sein.

2. Zweiter Teil

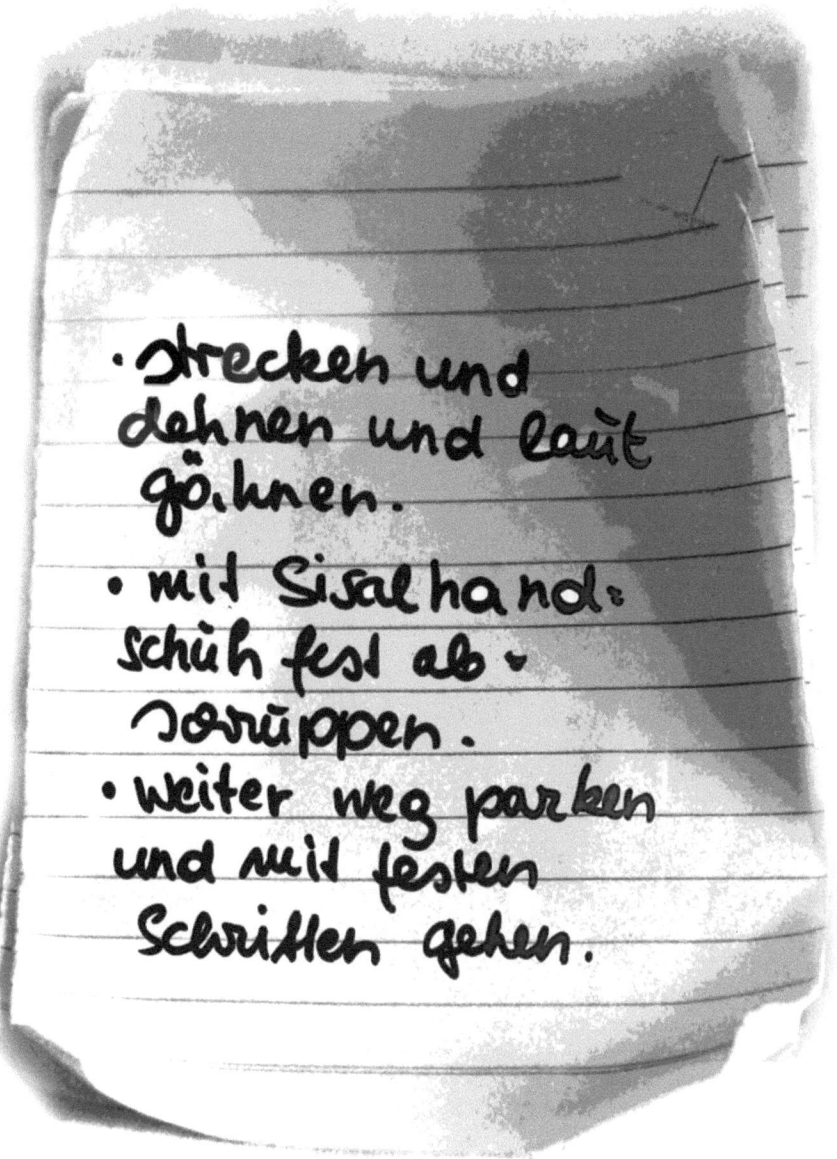

- strecken und dehnen und laut gähnen.
- mit Sisalhand- schuh fest ab- schrubben.
- weiter weg parken und mit festen Schritten gehen.

2.1. In Form bringen

Dieser Abschnitt befasst sich mit der Frage: Wohin mit der Sammlung?

Wollen Sie Ihre Utensilien in einem Koffer oder Etui aufbewahren?
Oder haben Sie eher an eine Schatulle oder Box gedacht?
Vielleicht ziehen Sie handgeschriebene Notizen in einem Buch oder Umschlag vor.
Möchten Sie eine schlichte Datenbank im Laptop oder eine Liste am Smartphone?
Entspricht es Ihnen eher, etwas selber zu nähen und zu bemalen, oder wollen Sie sich lieber etwas Geeignetes kaufen?

Bevorzugen Sie Symbole als Erinnerung an Ihre Hilfsmittel oder eine Tasche, in der alle Dinge, die Sie benötigen, griffbereit sind?

Sind Sie eher für eine geordnete Liste oder eine ausdrucksstarke Collage?

Vielleicht möchten Sie eine Schuhschachtel verwenden, die Sie mit schönem Stoff überziehen oder mit Geschenkpapier. Dabei ist es besser, nicht das zu verwenden, in dem die hässliche grüne Bluse oder rosa Krawatte von der Tante eingepackt war, auch wenn das Papier Ihren Geschmack trifft. Es könnte doch noch ein wenig von Ihrem Missmut daran haften.

Nehmen Sie sich Zeit, das für Sie geeignete Medium zu wählen und gestalten Sie es für sich ansprechend. Entscheidend ist, dass es für Sie passt und greifbar ist, wann immer Sie es benötigen.

Menschen

bewegen

Stille

tagebuch

Wo wollen Sie die Sammlung aufbewahren?

Wählen Sie sorgsam einen angemessenen Ort für die Aufbewahrung ihrer Auslese. Ob gut sichtbar in einem Regal oder verborgen in einer Lade, wichtig ist, dass Sie daran denken, wenn Sie darauf zurückgreifen wollen. Sie können dafür aber auch ein Erinnerungssymbol wählen. Ein kleiner Schlüssel in ihrer Geldtasche erinnert immer an die Lade mit dem Notfallset. Ob Postkarte, Stein, Glaskugel, Kastanie, alles kann helfen, an Ihre Maßnahmen zu denken, wenn Sie eine entsprechende Verknüpfung herstellen. Sobald die Wirkung nachlässt, suchen Sie einen neuen Gegenstand.

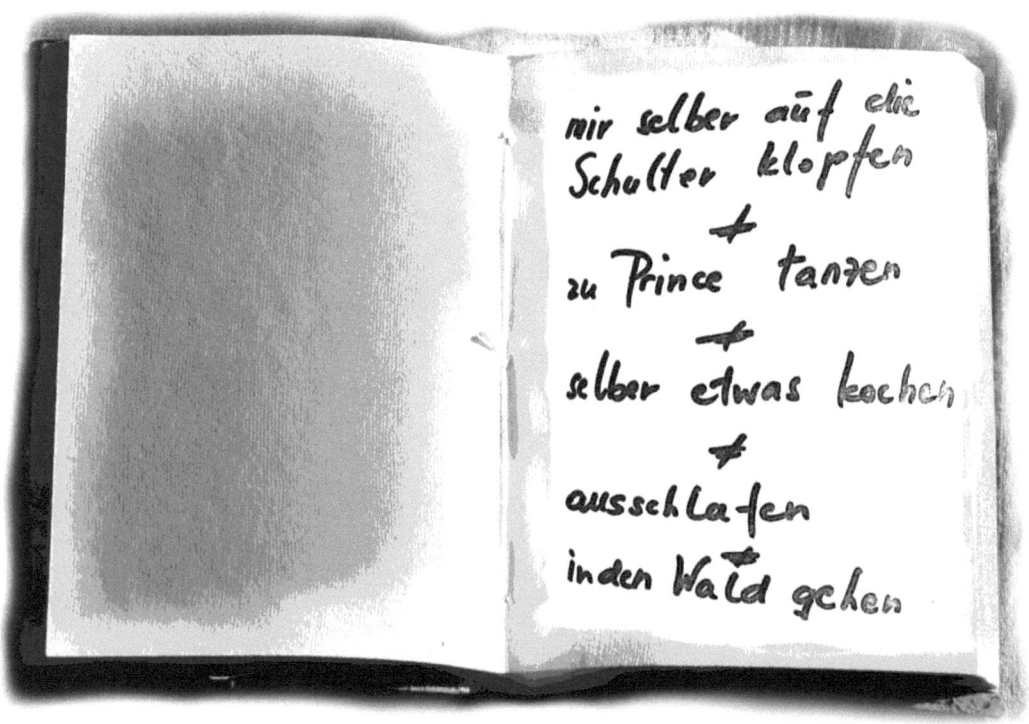

Überprüfen Sie regelmäßig nach einer Krise, ob sie die Sammlung überarbeiten wollen. Fragen Sie sich:

3. Dritter

3.1. Damit es nicht so weit kommt

Gibt es Anzeichen, bevor es Ihnen schlecht geht?
Ziehen Sie sich etwa zurück, schlafen Sie schlecht oder sind Sie unruhig?
Was zeigt sich? Ein flaues Gefühl?
Wenn Sie die ersten vagen Anzeichen und mulmigen Empfindungen beachten, was denken Sie, könnten Sie tun, damit Sie eine Krise rechtzeitig bemerken und abmildern oder gar abwenden können?

Notizen

bung

Genießen Sie Zeiten des Wohlbefindens und versuchen Sie, so lange wie möglich dabei zu verweilen.
Atmen Sie tief ein, als wollten Sie die Stimmung in sich aufnehmen.
Erlauben Sie sich, nur da zu sein und zu genießen.

Was bringt Sie immer wieder zum Schmunzeln?

Möglicherweise ein Gedicht?
Etwa so eines wie dieses?

»Ich bin so knallvergnügt erwacht«
von Joachim Ringelnatz (1883-1934):

Ich bin so knallvergnügt erwacht.
Ich klatsche meine Hüften.
Das Wasser lockt. Die Seife lacht.
Es dürstet mich nach Lüften.
Ein schmuckes Laken macht einen Knicks
Und gratuliert mir zum Baden.
Zwei schwarze Schuhe in blankem Wichs
Betiteln mich »Euer Gnaden«.
Aus meiner tiefsten Seele zieht
Mit Nasenflügelbeben
Ein ungeheurer Appetit
Nach Frühstück und nach Leben.

Füttern Sie Ihr Wohlbehagen oder das Unbehagen?
Es ist überlebenswichtig, Gefahren zu sehen und Bedrohungen zu erkennen. Das wurde im Laufe der Zeit jedoch unüberschaubar. Daher ist es wichtig, Wege zu finden, um zu innerer Ruhe zu kommen. Etwa indem Sie die Aufmerksamkeit auf das lenken, was gut ist, anstatt auf Sorgen, Hindernisse und Probleme.

Es war einmal,
in einem fernen Land,
eine Prinzessin. Diese war
ganz und gar nicht gewöhnlich.
Sie hatte immer offene Ohren für die Bürde
und den Kummer der Menschen. Deren
Bangen und Kleinmut sprang ihr geradewegs
in die Augen. Sie nahm sich den Schmerz aller
zu Herzen, um das Leid zum Guten zu wandeln.
Die Fürsorge der Prinzessin blieb niemandem
verborgen und sogar der Sonnengott bemerkte
es wohl und war von der Hingabe der
Prinzessin angetan. Er lohnte ihr Werk
daraufhin und schenkte ihr eine gar
wundersame Gabe, die Fähigkeit nämlich, allen
Menschen ihre Sorgen zu nehmen. Da gab es
viel zu tun, denn kaum war sie auf der einen
Seite fertig, kamen auf der anderen Seite
schon wieder neue Sorgen nach. Da war sie
bald blass und dunkle Ringe rahmten ihre
Augen. Es fanden sich jedoch sogleich einige,
sie zu unterstützen und schufen daraufhin
Püppchen, um die Fähigkeit der Prinzessin in
die Welt zu tragen. Diese Sorgenpüppchen
reisen heute noch und helfen, die Sorgen zu
verringern. Unlängst wurde wieder eines
gesehen, in einem Museumsshop, ganz in der
Nähe.

75

3.1.1. Im Gleichgewicht

Im Gleichgewicht sein heißt, zwischen Zuwenig und Zuviel einen angemessenen Ausgleich zu finden.

AUSGEWOGENHEIT ZWISCHEN ROUTINE UND AUSNAHME:

Rituale und Gewohnheiten beruhigen, geben Sicherheit und sind wichtig. Auf der anderen Seite kann das Durchbrechen gewohnter Abläufe erfrischen.
Wie viel Routine und wie viele Ausnahmen davon brauchen Sie?

Notizen

Der immer gleiche Arbeitsweg, über den nicht nachgedacht werden muss, ermöglicht, sich in den Tag einzustimmen oder ihn Revue passieren zu lassen. Hin und wieder tut es gut, einen anderen Weg einzuschlagen. Ein chinesisches Sprichwort sagt: **»Begib dich einmal im Jahr an einen Ort, an dem du noch nie warst.«** Manchmal genügt es schon, einen kleinen Umweg zu machen oder bei der Laufrunde die Richtung zu wechseln.

»Ach, die Gewohnheit ist ein lästiges Ding, selbst an Verhaßtes fesselt sie!«
aus Sappho, einem Drama von Franz Grillparzer.

Warten Sie nicht auf den Abend, das Wochenende, den Urlaub oder die Pension, sondern tun Sie täglich etwas für Ihre Lebensqualität.

Jeden Tag 10 Minuten Urlaub, etwa als Thermenaufenthalt im Badezimmer, benötigt wenig Zeit und hat große Wirkung.
Verschieben Sie Pausen nicht. Am Morgen achtsam Duschen dauert nur zwei Minuten länger als geschwind und wie nebenbei. In der Mittagspause zehn Minuten spazieren gehen und zwischendurch tief atmen oder von zehn rückwärts zählen hilft meist, zur Ruhe zu kommen. Diese kleinen Unterbrechungen sind einfach unterzubringen und es ist nicht sinnvoll damit bis zum Abend, das Wochenende, den Urlaub oder gar bis zu Ihrer Pensionierung zu warten.

AUSGEWOGENHEIT ZWISCHEN WUNSCH UND WIRKLICHKEIT:

»Das Beste daraus machen.« Das geht immer, auch wenn der Handlungsspielraum sehr klein ist. Das Gelingen von Plänen hängt von den Lebensumständen ab. Achten Sie darauf, welche Verbesserungsmöglichkeiten im Rahmen des Möglichen liegen. Schöpfen Sie diese aus?
Können Sie zum Beispiel Ihre Schlafqualität verbessern oder Ihre Ernährungsgewohnheiten verändern, um sich besser zu fühlen? Gestalten Sie alle Lebensbereiche behutsam?

AUSGEWOGENHEIT ZWISCHEN DEN INNEREN ANTEILEN:

Die inneren Anteile können wir uns aufgrund unserer Rollen aufgeteilt vorstellen: Mutter, Nachbar, Kollegin, Partner, Freundin, Sohn, Vereinsobfrau, usf.

Eine Möglichkeit ist, diese Aufgrund von Eigenschaften zu sortieren: der Trauernde, die Wütende, der Rechthaberische, die Fröhliche, usf.

Manche dieser Anteile machen sich als innere Stimmen bemerkbar.

Es ist lästig, wenn dauernd jemand dazwischen redet, während man etwas tut. Genauso ist das mit den inneren Stimmen, wenn die das tun.

Versuchen Sie, diese inneren Stimmen zuzuordnen:
Zu welchem inneren Persönlichkeitsanteil gehört diese innere Stimme?
Ist es ein innerer strenger Anteil?
Eine innere Nörglerin oder ein innerer Entwertender?

77

Reden Sie sich selber dauernd dazwischen, wenn Sie etwas tun?

Wer genau redet da?
Welcher Ihrer Persönlichkeitsanteile ist da im Vordergrund?

Notizen

Es strengt an, sich dauernd zu hinterfragen.
Besser ist, Zeiten zur Diskussion mit sich einzurichten.
Dauerndes Besprechen entmutigt!

Es ist gut, Vorhaben und Pläne zu hinterfragen. Doch sich im Übermaß und
während der Ausführung andauernd zu fragen, ob das, was Sie gerade tun
Sinn macht und Ähnliches, ist nur zermürbend.

Unfreundliche und jetzt störende Stimmen waren einmal wichtig, sonst hätten wir sie nicht. Um Entwertungen durch andere Menschen abzumildern, entwerten wir uns selber. Das lernen wir meist in der Kindheit, um uns zu schützen.

Das tat weh!

Etwas zu beenden, was einmal geholfen hat, ist nicht einfach. Daher ist es gut, sich freundlich von diesen inneren Stimmen, von diesen Persönlichkeitsanteilen zu verabschieden.

»Danke, ich brauche dich jetzt nicht mehr.«

So spürte man nichts.

80

Es besteht die Tendenz, belastende Persönlichkeitsanteile zu vernachlässigen. Etwa die innere Trauernde: Durch die Befürchtung, nicht arbeitsfähig zu sein oder wegen der Sorge, andere zu nerven und es selber nicht zu ertragen, bekommt dieser Anteil zu wenig Aufmerksamkeit. Das strengt auf Dauer an. Dieser inneren Trauernden besondere Zeiten einzuräumen kann hilfreich sein, zum Beispiel, sich ihr bei einem Spaziergang zu widmen.

Um die Beschäftigung mit den verschiedenen Persönlichkeitsanteilen anschaulich zu machen, möchte ich einige Möglichkeiten an weiteren Beispielen darstellen.

Anna erlebt es gerade so:
Die Wissbegierige in ihr, die sehr neugierig ist, will lernen und Neues ausprobieren.
Der ängstliche Anteil kann das zulassen, wenn sich die innere Trösterin ihr fürsorglich zuwendet.

So stellt sich die innere Bühne für Georg dar:
Der innere, zurückhaltend Bedenkende wiegt Für und Wider ab, schätzt die Glaubwürdigkeit ein und prüft ausgiebig das Wenn und Aber.
Der Einfallsreiche löst Probleme, gestaltet und bringt einiges auf und in die Reihe.
Diese beiden Persönlichkeitsanteile könnten sich gegenseitig behindern, doch da gibt es noch einen dritten, der Ausgleich schaffen kann. Der Einfühlsame nämlich, der darauf achtet, dass alle Anteile genug Beachtung finden.

Bei Maria steht die bodenständige Maria im Vordergrund. Die mutige Maria ist gut entwickelt. Sie möchte ihr Durchhaltevermögen festigen und widmet sich daher intensiv der ausdauernden Maria, um diese zu stärken.

Für Robert steht sein Bedürfnis zu kontrollieren immer an vorderster Stelle. Er möchte lernen, freundlicher und wertschätzender zu werden und dem liebevollen Persönlichkeitsanteil in sich mehr Raum zu geben.

bung

Wie viel Platz haben Ihre einzelnen Anteile?
Ausgewogenheit zu beachten, heißt zu betrachten:

Welcher Anteil ist zu groß?
Welcher zu klein?
Welcher hat zu viel Platz?
Welcher zu wenig?

Notizen

3.1.2. Sieben Erfüllungshilfen

Erfüllende Tätigkeiten sind wichtige Nahrung für das Wohlbefinden. Alles kann erfüllend sein. Nicht das WAS, sondern das WIE entscheidet.
Ob Sie die Wohnung umgestalten mit neuen Polsterbezügen, gerne zeichnen, basteln, Freundinnen und Freunde zu einem Ausflug treffen, ein neues Rezept ausprobieren oder mit Tieren oder Kindern spielen, entscheidend ist, ob Sie sich erlauben zu genießen, was Sie tun, Begeisterung darin finden, es mit Hingabe tun oder darin versinken.

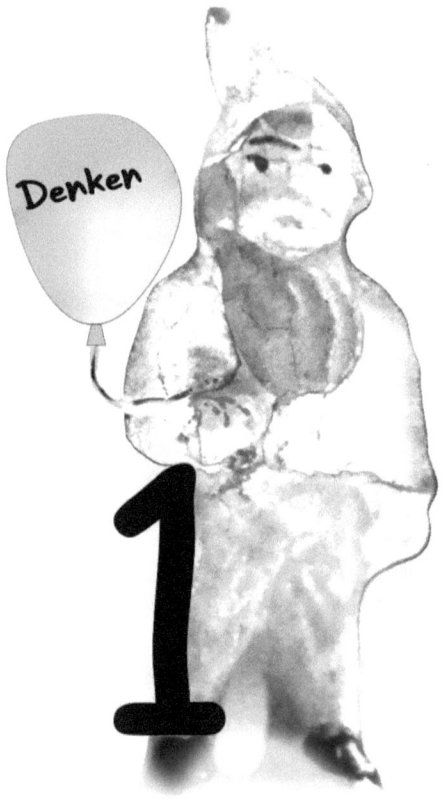

Achten Sie darauf,
wie und was Sie denken.
Woran denken Sie häufig?
An das, was war, an das, was ist oder
an das, was sein wird?
Womit sind Sie mehr beschäftigt: Mit
der Vergangenheit, der Zukunft oder
Gegenwart? Oder ist das
ausgeglichen?

Denken Sie als Selbstgespräch?
Wer spricht mit wem?
Wie sind diese Stimmen? Freundlich
oder streng?
Welche innere Stimme hat viel zu
sagen?

Wollen Sie Ihren Blick erweitern?
Den Blick zu schärfen und immer wieder
über den Tellerrand zu schauen, ist
Bestandteil eines ausgewogenen Lebens.

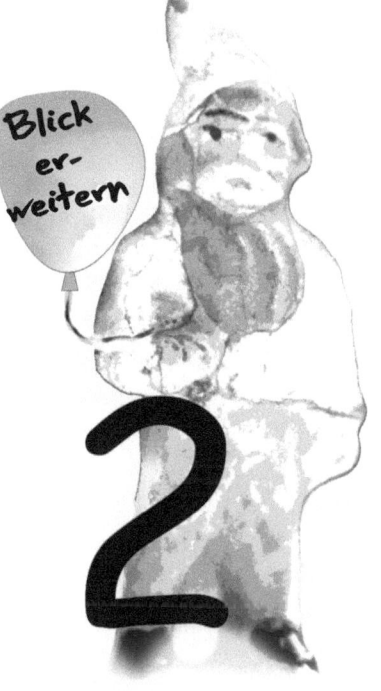

bung

Machen Sie einen Spaziergang in
Achtsamkeit mit dem Fotoapparat und
gehen Sie dabei auf Detailjagd, indem Sie
Schritt für Schritt Kleinigkeiten entdecken.
Das verändert den Blickwinkel.

Pflegen Sie Ihre Neugierde, suchen Sie
die Auseinandersetzung mit spannenden
Themen, forschen Sie Ihren Fragen nach,
lassen Sie sich leiten von Ihrem
Wissensdurst und fördern Sie Ihren
Lerneifer.

Was macht großzügige Menschen aus?

Sie können auch einmal 5 gerade sein lassen und über Nebensächliches hin- und wieder hinwegsehen.
Außerdem verstricken sie sich selten in Kleinigkeiten und bleiben nicht hängen an Dingen, die in einigen Tagen ohnehin nicht mehr wichtig sind. Sie können sich in andere Menschen hineinversetzen, auch wenn die in ein ganz anderes Leben führen, und geben auch etwas von sich her, ohne dafür etwas zu erwarten.

Was davon kennen Sie von sich?
Was möchten Sie gern entwickeln?

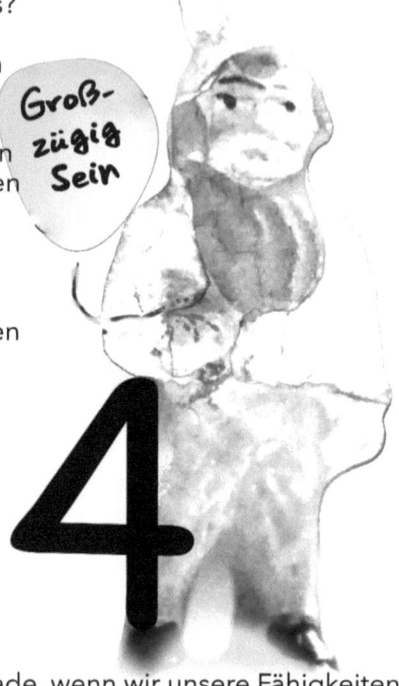

Groß-
zügig
Sein

4

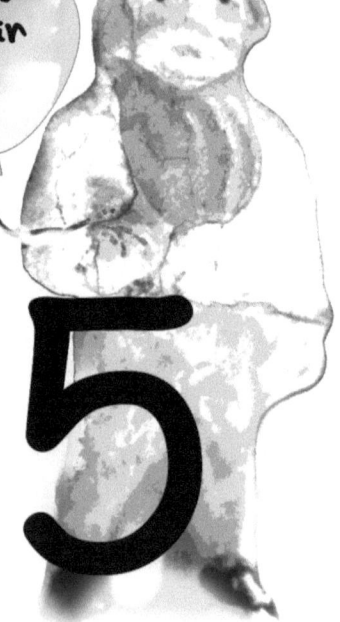

Dankbar
Sein

5

Es ist schade, wenn wir unsere Fähigkeiten erst schätzen, wenn wir sie verloren haben. Für unsere Unversehrtheit oder unser Augenlicht dankbar sein heißt, es nicht als etwas Selbstverständliches wahrnehmen. **»Ich kann lesen, ist das nicht ein wunderbares Geschenk?«**

☺bung

Wollen Sie eine wertschätzende Haltung erlangen, so können Sie täglich festhalten, wofür Sie an diesem Tag dankbar waren. Das fördert den Blick auf kleine Dinge, die schätzenswert sind, und Sie sehen, was alles gut ist.

Sinn für Schönes

6

Was entlockt Ihnen ein: »Ach, ist das schön!«?

Die Vielfalt der Farben, Formen und Muster?

Oder bewegt Sie ein Bild, wenn es Harmonie und Spannung ausdrücken kann?

Versinken Sie im Grün der Natur?

Begeistern Sie die Schattenspiele der flachstehenden Abendsonne?

Berührt Sie der Wohlklang einer Symphonie?

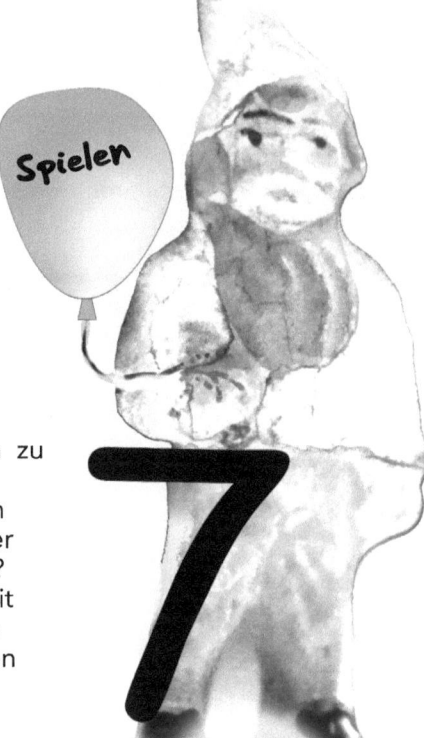

Spielen

7

»Das ist ein Kinderspiel.«
Was braucht es, um etwas spielerisch zu bewältigen?
Kinder verlieren sich im Spiel, entdecken sich im Spiel. Was davon lässt sich wieder zurückgewinnen und was daraus lernen?
Nicht voreingenommen, sondern sich mit Hingabe einer Sache widmen, sich darin verlieren, sich dabei unbeobachtet fühlen und lebendig sein dürfen, macht den Zauber aus.

3.1.2. Selbstmitgefühl entwickeln

Das klingt für die meisten Menschen befremdlich. Es erinnert an Selbstmitleid, was jedoch nicht damit gemeint ist. Selbstmitgefühl bedeutet, respektvoll mit sich umzugehen und sich selber Trost zu spenden anstatt, wie meist gewohnt, sich zu bezichtigen oder zu beschuldigen.
Durch Selbstmitgefühl werden wir gesünder und belastbarer und sind in Krisen widerstandsfähiger.

bung

Nehmen Sie die rechte Hand und streichen Sie damit über Ihren linken Oberarm oder umgekehrt. Langsam und ruhig. Vielleicht fallen Ihnen Sätze dazu ein, wie »Ja, das ist in Ordnung so« oder »Ich bin stolz auf dich«, »Das wird schon wieder«, »Du hast es schon oft geschafft. Du wirst es auch diesmal schaffen.« Lassen Sie sich Zeit Ihren passenden Satz zu finden.

bung

Beobachten Sie, wie Sie mit sich sprechen.
Sind Sie streng zu sich?
Sind Sie mit sich freundlich?

Notizen

Übung

Die Vorstellung einer inneren Freundin / eines inneren Freundes kann den Weg zu Selbstmitgefühl ebnen.

Stellen Sie sich vor, eine Freundin oder ein Freund ist auf Besuch und wirft in Ihrer Wohnung eine Vase um. Diese geht in Brüche und Sie denken: **«Ach, die ist von einer billigen Möbelkette, ich habe keinen Bezug zu ihr und es ist nicht tragisch.»** Sie trösten Ihr Gegenüber und bestätigen, das Wichtigste sei, dass niemand verletzt ist.

Stellen Sie sich nun vor, Sie selber zerbrechen die gleiche Vase. Wie sprechen Sie dann mit sich? Genauso freundlich? Das ist fein.

Falls nicht, dann wäre das eine gute Gelegenheit, sich die Frage zu stellen: **»Wäre es nicht sinnvoll, würde ich mit mir so umgehen, als wäre ich eine gute Freundin von mir?**

Durch die Vorstellung einer inneren Freundin oder eines inneren Freundes wird ein Abstand zu gedanklichen Verstrickungen geschaffen. Als ob Sie sich selber gegenüber stehen und dadurch genauer sehen, was zu tun ist. Selber betroffen fällt vielen keine Lösung ein, obwohl sie in der gleichen Situation für andere Menschen eine parat hätten. Durch diesen Abstand fällt Ihnen auch ein, was Ihnen ansonsten möglicherweise erst später oder nachher, also mit Zeitabstand, eingefallen wäre.

Könnten wir uns selber gegenüber stehen, fiele uns anderes auf und Hilfreiches ein. Durch diese Vorstellung ist es, als stünden wir uns selber gegenüber.

Das Wissen, dass Ihnen ansonsten nur für andere oder am nächsten Tag zugänglich wäre, wird für Sie verfügbar. Es ermöglicht Ihnen, sich selber zu trösten, für sich da zu sein oder sich selber zu bemuttern und zu verwöhnen.

Diese Vorstellung kann auch helfen, selbstzerstörerischem Verhalten freundlich und geduldig zu entgegnen. Außerdem macht sie schlagfertiger.

3.1.3. Imaginationen verändern

»Das bildest du dir nur ein!« Das wird abwertend verwendet.

Was bedeutet es aber?

Es heißt, dass wir uns ein Bild von etwas machen können, was nicht da ist.

Wie malen Sie sich die Welt aus?

Wie Pippi Langstrumpf?

»Ich male mir die Welt, wie sie mir gefällt.«

Oder trüb und trist?

Wie schauen Ihre inneren Bilder aus?

Welche inneren Bilder tragen Sie mit sich herum?

Was entspricht Ihnen eher? Schönfärben? Schwarzmalen?

Ist Ihr Häferl halb voll oder halb leer?

Sehen Sie, was ist, oder nur, was fehlt und was falsch und schlecht ist?

Welche Bilder haben Sie im Kopf?

Notizen

Mit Bildern ist hier nicht nur ein Abbild wie ein Foto gemeint. Auch Gerüche, Stimmungen, Geschmäcker, Geräusche, Gefühle und Empfindungen gehören dazu.

Manche Menschen sehen diese Bilder sehr deutlich und mit allen Feinheiten. Andere wissen nur von der Vorstellung, ohne sie genau zu sehen. Das ist ähnlich wie manchmal bei Traumbildern. Wir wissen möglicherweise, wer die Person im Traum war, ohne das Traumbild deutlich zu sehen.

Die Vorstellungskraft ist die Fähigkeit, Bilder im Kopf zu gestalten. Das heißt, sich »etwas einzubilden«, also das Vermögen, sich etwas vorzustellen, das im Außen nicht vorhanden ist. An solche Bilder kann man sich dann erinnern.

Beispiel: Stellen Sie sich heute einen Apfel vor. Morgen denken Sie wieder an diesen Apfel. Sie erinnern sich an ihn.

Aus den Vorstellungsbildern werden also Erinnerungen und wirken, wie Erinnerungen es eben tun. Sie können dadurch viele gute Erinnerungen erschaffen. Durch Hinwendung und Aufmerksamkeit rücken diese in den Vordergrund und werden mit der Zeit wirkungsvoller als die unerwünschten Erinnerungen.

Fehlendes kann nachgereicht werden, wenn einem eine gute Erinnerung fehlt. Zum Beispiel: Sie können sich nicht erinnern, je Vertrauen zu jemandem gehabt zu haben, dann können Sie ein Bild dazu entwerfen. Wie schaut es aus, wenn da ein Mensch ist, dem ich vertrauen kann? Was verändert sich in mir, wenn ich das erlebe? Wie fühle ich mich dabei? Wie geht es mir damit, wenn das gut gelingt?

Es gelingt besser, eine vertrauensvolle Beziehung aufzubauen, wenn ich dazu ein gutes inneres Bild habe.

»Als ich jung war, konnte ich mich an alles erinnern, egal ob es wirklich passiert war oder nicht ....«
Mark Twain

bung

Imaginieren ist wie Träumen. Imaginationen sind Tagträume und werden bei wachem Bewusstsein geträumt. Es fühlt sich selbstverständlich nicht gleich an, ob Sie Bilder von einem gemütlichen Spaziergang entwickeln oder von einem Termin, zu dem Sie zu spät kommen.

Beobachten Sie Ihre Tagträume und inneren Vorstellungen eine Woche lang. Machen Sie sich Notizen und sammeln Sie, was Sie sich alles ausmalen im Kopf.

Sie sehen sich noch, als Sie im Gespräch gestern beim Kollegen zu schweigsam waren oder gegenüber der Chefin zu viel gesagt haben?
Sie sehen sich morgen verzweifelt einen Parkplatz suchen und nicht rechtzeitig zum Termin kommen?

Können Sie gut imaginieren, und machen Sie das Tag für Tag?
Nutzen Sie diese Fähigkeit, um heilsame Bilder und tröstliche Vorstellungen zu entwerfen, wenn Sie das möchten.
Wie schaut es aus, wenn Sie gesund sind, wenn alles gut ist ....?

Notizen

Ein Tagtraum kann eine innere erholsam Insel sein. Die Dosis ist dabei zu beachten, falls Sie geneigt sind, dorthin flüchten zu wollen.

Beispiele für hilfreiche Vorstellungen:

bung

Stellen Sie sich vor, Sie haben eine Brille, durch die Sie mit Wohlwollen und wertschätzend auf die Welt blicken.

Setzen Sie diese auf und lesen Sie das Mail, dass Sie genervt hat, noch einmal.

Betrachten Sie sich selber im Spiegel.
Wie oft wollen Sie diese Brille tragen?

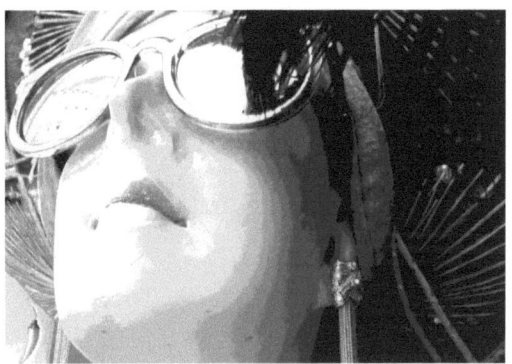

Eine heilsame Vorstellung kann eine Fee sein, die Erinnerungen, die sich immer wieder aufdrängen, wegsperren kann.
Manchmal hilft es, sich zu erinnern, welche derartigen Vorstellungen in der Kindheit geholfen haben und diese wieder zu pflegen.

Notizen

Notizen

Notizen

Danksagung

Meine Quellen:
Ich habe Methoden gesammelt, die ohne viel Aufwand Wohlbefinden verschaffen. Als ich mit zwanzig Jahren in einem psychiatrischen Krankenhaus zu arbeiten begann, wurde mir klar vor Augen geführt, dass es nicht immer um Heilung geht. Ich stellte mir die Fragen: Was bringt Linderung? Wie kann ein Leben mit einer langwierigen oder dauerhaften Erkrankung, Belastung oder Einschränkung gelingen?
Die Antworten auf diese Fragen suchte ich in Büchern und Fortbildungen. Menschen teilten ihre Erfahrungen mit mir im beruflichen Austausch. Ich lernte in den Begegnungen mit Menschen, deren Seminare ich besuchte oder die an meinen Workshops teilnahmen, sowie von denen, die sich zu mir in Therapie begaben. Einige Früchte dieser Ernte biete ich hier an.
Allen bin ich dankbar. Nur einige wenige hebe ich hervor, verbunden mit Anregungen zum Weiterlesen.

Mit meiner Ausbildung als gestalttheoretische Psychotherapeutin habe ich ein solides Fundament erworben. Ich bin dem Ausbildungsverein und den Menschen dort dankbar und verbunden.

Leibhaftige Herangehensweisen fanden immer schon meine besondere Aufmerksamkeit.
Eine besonders strukturierte Methode ist »Focusing«, die dadurch auch ein geeignetes Handwerkszeug in der Selbsthilfe ist. Es gibt viele Anleitungen dazu im Internet und auch Bücher vom Begründer der Methode selber:
Eugene T. Gendlin, Focusing, Selbsthilfe bei der Lösung persönlicher Probleme, Rowohlt Taschenbuch 1998.
Julie Henderson ist körperorientiere Psychotherapeutin und inspiriert vom tibetischen Buddhismus. Ihre Übungen fließen gut in den Alltag ein und sind leicht nachvollziehbar angeleitet: Embodying Well-Being oder Wie man sich trotz allem wohl fühlen kann, AJZ Druck & Verlag, Bielefeld 2010 (in einem Buch auf Deutsch und Englisch).

Christine Brähler hat sich ausgiebig dem Thema »Selbstmitgefühl entwickeln« gewidmet.
Auf Ihrer Seite http://christinebraehler.com/de/selbstmitgefuehl/ und in Ihrem Buch »Selbstmitgefühl: Vom liebevollen Umgang mit sich selbst«, erschienen im Scorpio Verlag (2015), finden Sie auch viele Meditationen.

Meine Traumatherapiefortbildung bei Prof.in Dr.in Luise Reddemann war maßgeblich für meine therapeutische Tätigkeit, hat·mich bereichert und in meiner Arbeit sehr bestärkt. Auf dieser Seite finden Sie Ihre Publikationen: http://www.luise-reddemann.de/home/

Weiterführende Literatur zur Betrachtung der Persönlichkeitsanteile als förderlicher Zugang zu innerpsychischen Geschehnissen:
Das Innere Team nach Schulz von Thun und die Arbeit der psychodramatischen Psychotherapeutin Maja Storch.

»Das Innere Team in Aktion, Praktische Arbeit mit dem Model« von Friedemann Schulz von Thun und Wibke Stegemann (Hg.), Verlag: Rowohlt (2004)

Maja Storch: »Wenn starke Frauen sich verlieben.« Pendo Verlag (2001) und »Die Sehnsucht der starken Frau nach dem starken Mann.« Düsseldorf/ Zürich: Walter (2000)

Mein Dank gilt allen, die mich bei den Arbeiten zu diesem Buch unterstützt haben und das Gedeihen mit Geduld begleitet haben. Christa, Judith und Stefan danke ich fürs aufmerksame Lesen. Auguste und Judith danke ich für Ihren Beistand. Andreas danke ich für sein gestalterisches Auge, das er mir geliehen hat und seine Beständigkeit. Max danke ich für den technischen Support, Ilse für die Leihgabe ihrer Matroschkas und Bine für den Utensilienkoffer. Allen, die mich ermutigt haben, danke ich herzlichst.